ESPECIAS, HIERBAS AROMÁTICAS, CONDIMENTOS Y AROMATIZANTES,

Patricia **Bargis**

on la colaboración

e la Dra. Laurence **Lévy-Dutel**

ESPECIAS, HIERBAS AROMÁTICAS, CONDIMENTOS

Y AROMATIZANTES

MINIGUÍAS
ALIMENTACIÓN
SANA

edaf

Título original: *Épices, aromates, condiments et herbes aromatiques*
© 2015, Groupe Eyrolles, París, Francia
© 2016. De esta edición: Editorial Edaf, S.L.U., por acuerdo con ACER, Agencia Literaria, C/ Amor de Dios, 1, 28014, Madrid, España
© 2016, de la traducción: Carlota Fossati Pineda

Diseño de cubierta: Gerardo Domínguez

Editorial EDAF, S. L. U.
Jorge Juan, 68. 28009 Madrid
http://www.edaf.net
edaf@edaf.net

Algaba Ediciones, S. A. de C.V.
Calle, 21, Poniente 3323, Colonia Belisario Domínguez
Entre la 33 Sur y la 35 Sur
Puebla, 72180, México. Tfno.: 52 22 22 11 13 87
jaime.breton@edaf.com.mx

Edaf del Plata, S. A.
Chile, 2222
1227 - Buenos Aires, Argentina
edaf4@speedy.com.ar

Edaf Antillas/Forsa
Local 30, A2, Zona Portuaria Puerto Nuevo
San Juan, PR (00920)
(787) 707-1792
carlos@forsapr.com

Edaf Chile, S.A.
Coyancura, 2270, oficina 914, Providencia
Santiago - Chile
comercialedafchile@edafchile.cl

Primera edición: septiembre de 2016

ISBN.: 978-84-414-3680-0
Depósito Legal: M-27.736-2016

PRINTED IN SPAIN   IMPRESO EN ESPAÑA

IMPRESO POR COFÁS

ÍNDICE

7

MODO DE EMPLEO

ANÍS VERDE

– Favorece la digestión
– Antiespasmódico
– Expectorante
– Carminativo
– Galactagogo
🐦 Asia

El anís verde es una planta de flores blancas o rosas agrupadas en umbelas cuyos frutos se consumen enteros o en polvo. Su sabor es dulce, caliente y anisado.

👌 Facilita la montada de la leche, a menudo asociado con la alcaravea, al hinojo y al comino.

✔ En repostería: pastel, pan de especias.
✔ En confitería (peladilla con anís).
✔ Ingrediente de la fabricación del Pastis.

VALORES CALÓRICOS por 100 g de semillas de anís verde (contenido medio)	
Calorias kcal	337
Proteínas (g)	17,6
Glúcidos (g)	50
Lípidos (g)	15,9

👨‍🍳 ALBARICOQUES FRITOS CON PAN DE ESPECIAS Y ANÍS VERDE

Cortar en cuartos unos albaricoques. Dorarlos durante 5 minutos en una sartén con un poco de mantequilla. Esparcir semillas de anís verde y pan de especias en cubos. Servir caliente o templado acompañado de una bola de sorbete o de helado.

En las tablas nutricionales el valor 0 indica la ausencia de elemento nutricional. En cambio, el guión (–) indica el valor que falta.
Encontramos un léxico de los beneficios para la salud en la página 85.

Significado de los valores:

- «g» gramo = una milésima de kilogramo
- «mg» miligramo = una milésima de gramo
- «µg» microgramo = una millonésima de gramo
- «ng» nanogramo = una milmillonésima de gramo

23

INTRODUCCIÓN

Las especias son sustancias vegetales aromáticas utilizadas para condimentar los platos, que proceden con mayor frecuencia de plantas originarias de los Trópicos, pero también de Oriente o Europa. Generalmente se venden deshidratadas, enteras o en polvo (muchas veces molidas). Ideales para los regímenes de adelgazamiento, estas sustancias vegetales son acalóricas y aportan mucho sabor*.

👍 Conservarlas en un lugar seco y fuera del alcance de la luz. Las especias frescas pueden guardarse durante unos días en la nevera. Para elegirlas, hay que fiarse de su color y de su aroma…

Las hierbas aromáticas son pequeñas plantas aromáticas que sirven esencialmente para condimentar nuestros platos.

👍 Enjuagarlas antes de usarlas y añadirlas al final de la cocción con el fin de conservar todo su sabor.
Conservarlas en un vaso de agua (sin que se empapen las hojas), en un bote hermético de plástico o en la parte inferior de la nevera, habiéndolas recubierto previamente con film de plástico.

Los aromatizantes son productos vegetales odoríferos que utilizamos en la cocina, en medicina o en perfumería.

Los condimentos son preparaciones elaboradas a partir de sustancias vegetales que, añadidas a alimentos crudos o cocinados, potencian su sabor.

Los aromatizantes y las hierbas aromáticas pueden congelarse: hacer pequeños racimos, enjuagarlos, secarlos con papel absorbente y dejar que endurezcan unos minutos en el congelador antes de meterlas en bolsitas.

---

* En las tablas nutricionales aparecen los nombres de *lípidos*, equivalentes a «grasas», así como *glúcidos*, que también nos referimos a «hidratos de carbono», términos más familiares.

VALORES NUTRICIONALES por 100 g de especias (contenido medio)	
Calorías kcal	**180**
Kilojulios kJ (unidad internacional)	757
Proteínas (g)	10,5
Glúcidos (g)	23
Lípidos (g)	5,1
AG saturados	1,42
AG monoinsaturados	1,37
AG poliinsaturados	1,31
Agua (g)	10
Fibras (g)	22,1
Colesterol (mg)	0
VITAMINAS (mg)	
Vit. C	15,3
Vit. E	0,62
Vit. B_1	0,098
Vit. B_2	0,22
Vit. B_3	2,75
Vit. B_5	0
Vit. B_6	0,58
(µg)	
Vit. A retinol/betacaroteno	0/155
Vit. D	0
Vit. B_9	23,6
Vit. B_{12}	0
ELEMENTOS MINERALES (mg)	
Calcio	325
Cobre	0,874
Fósforo	178
Hierro	17,8
Magnesio	194
Manganeso	13,2
Potasio	1312
Sodio	40,4
Zinc	2,8
(µg)	
Yodo	0,8
Selenio	16,8

VALORES NUTRICIONALES por 100 g de hierbas aromáticas (contenido medio)	
Calorías kcal	**178**
Kilojulios kJ (unidad internacional)	42,4
Proteínas (g)	2,91
Glúcidos (g)	4,08
Lípidos (g)	0,765
AG saturados	0,109
AG monoinsaturados	0,148
AG poliinsaturados	0,315
Agua (g)	86,5
Fibras (g)	3,8
Colesterol (mg)	0
VITAMINAS (mg)	
Vit. C	143
Vit. E	1,62
Vit. B_1	0,183
Vit. B_2	0,0922
Vit. B_3	0,955
Vit. B_5	0,271
Vit. B_6	0,117
(µg)	
Vit. A retinol/betacaroteno	0,71/4500
Vit. D	0
Vit. B_9	171
Vit. B_{12}	0
ELEMENTOS MINERALES (mg)	
Calcio	176
Cobre	0,147
Fósforo	50,8
Hierro	3,86
Magnesio	34,9
Manganeso	0,961
Potasio	641
Sodio	67,1
Zinc	0,816
(µg)	
Yodo	2,95
Selenio	0,3

ADORMIDERA

o clavel

- Sedativo
- Antiespasmódico
- Asia

La adormidera es una planta grande con flores blancas-malvas o rojo rosadas, cuyo corazón es una cápsula que contiene minúsculos granos azules, marrones o blancos según la variedad. Los granos se consumen con frecuencia secos con un sabor que recuerda al de la avellana.

El jugo de la adormidera que procede de la cápsula inmadura produce opio.

✔ En repostería, en algunos panes.

✔ Como guarnición en una tarta, se aplastan los granos de adormidera, los cuales se cocinan en leche con miel.

✔ A la plancha, los granos pueden aromatizar todas las verduras.

✔ Se utiliza para espesar las salsas.

✔ La adormidera sirve para hacer aceite de clavel.

🎩 HOJALDRE DE ADORMIDERA

Extender la masa de hojaldre y cubrirla de aceite de oliva con un pincel. Echarle sal y esparcir con granos de adormidera. Cortar la masa en cuadraditos y ponerlo en el horno durante 15 minutos.

VALORES NUTRICIONALES por 100 g de granos secos de adormidera (contenido medio)	
Calorías kcal	**477**
Kilojulios kJ (unidad internacional)	1976
Proteínas (g)	23,8
Glúcidos (g)	4,20
Lípidos (g)	42,2
Agua (g)	6,10
Fibras (g)	20,5
VITAMINAS (mg)	
Vit. B_1	860
Vit. B_2	170
Vit. B_3	990
Vit. B_6	440
ELEMENTOS MINERALES (mg)	
Calcio	1460
Cobre	1,0
Fósforo	854
Hierro	9,5
Magnesio	12
Manganeso	333
Potasio	705
Sodio	21

AJEDREA DE MONTAÑA

Satureja de montaña o «pimienta de asno»

- Tonificante
- Favorece la digestión
- Expectorante
- Antidiarreico
- Antiséptico
- Antiespasmódico
- Afrodisíaco
- Cuenca mediterránea

La ajedrea de montaña es un subarbusto perenne, aromática, de pequeñas flores blancas de sabor amargo. Se utilizan las hojas frescas o secas.

La ajedrea de jardín es una planta anual de pequeñas flores rosas parecida al tomillo. Su sabor dulce y apimentado es ligeramente mentolado. Se diferencian sobre todo por sus hojas, que son puntiagudas en el caso de la ajedrea de montaña.

Hierba excelente contra las flatulencias…
Frotar una picadura de avispa con la ajedrea evitará el hinchazón.

✔ Para acompañar ensaladas, legumbres, parrilladas, tortillas, cereales, adobados… Se emplea en pequeñas cantidades, ya que puede hacer que los alimentos estén amargos. Añadirlo al final de la cocción.

✔ Una salsa de tomate con ajedrea.

✔ Espolvorear sobre queso de cabra.

✔ Junto con el tomillo, romero, perejil y menta, le aporta un sabor excepcional al cordero.

✔ Forma parte de la composición de la Chartreuse (licor).

✔ En infusión: unas cuantas hojas por taza de agua en ebullición unos segundos, retirar y dejar infusionar unos minutos.

VALORES CALÓRICOS por 100 g de ajedrea molida	
Calorías kcal	**272**
Proteínas (g)	6,7
Glúcidos (g)	68,7
Lípidos (g)	5,9

AJO

El ajo es una hierba aromática de flores blancas o ligeramente rosadas. Se consume la bombilla o «cabeza de ajo» formada de varios bulbillos (dientes), rodeados de envoltura de color blanco, rosa o morado, que permite diferenciar el ajo blanco, el ajo rosa o el rojo. El ajo blanco es la variedad más común entre las 325 especies de ajo que existen.

- Tonificante
- Diurético
- Antiséptico
- Antiinfeccioso
- Expectorante
- Vermífugo
- Depurativo
- Fuente de antioxidantes
- Afrodisíaco
- Asia central

Su característico sabor picante le otorga el lugar de «Príncipe de los condimentos».

Para hacerlo más digerible, quitar el germen verde del diente antes de consumirlo y blanquear el ajo en varias aguas.

El ajo da mal aliento, para evitarlo comer un grano de café, un trozo de manzana o masticar un poco de perejil. El ajo cambia el sabor de la leche de las madres lactantes.

✔ Crudo, en ensaladas, en una vinagreta (cuanto más fino esté picado el ajo, más fuerte será su sabor).

✔ Pequeños croutones frotados con ajo en una sopa de pescado.

✔ Cortados en trozos pequeños, acompaña muy bien unas judías verdes rehogadas.

✔ Los dientes de ajo sin pelar en el horno con un pollo asado, o en la fritura para darle sabor a las patatas fritas.

✔ Los dientes de ajo enteros dan sabor a los platos cocinados al vapor.

✔ Dos dientes de ajo hervidos durante 20 minutos en leche, que se filtrará y se beberá muy caliente, son un expectorante estupendo.

VALORES NUTRICIONALES	
por 100 g de ajo fresco (contenido medio)	
Calorías kcal	**131**
Kilojulios kJ (unidad internacional)	555
Proteínas (g)	7,9
Glúcidos (g)	21,5
Lípidos (g)	0,47
AG saturados	0,096
AG monoinsaturados	0,0107
AG poliinsaturados	0,266
Agua (g)	64
Fibras (g)	4,7
Colesterol (mg)	0
VITAMINAS (mg)	
Vit. C	17
Vit. E	0,01
Vit. B_1	0,13
Vit. B_2	0,03
Vit. B_3	0,3
Vit. B_5	0,596
Vit. B_6	1,18
(µg)	
Vit. A retinol/betacaroteno	0/17,5
Vit. D	0
Vit. B_9	5
Vit. B_{12}	0
ELEMENTOS MINERALES (mg)	
Calcio	17,7
Cobre	0,085
Fósforo	161
Hierro	1,32
Magnesio	20,7
Manganeso	0,41
Potasio	555
Sodio	17,6
Zinc	0,78
(µg)	
Yodo	3
Selenio	5,1

ALBAHACA

La albahaca es una planta herbácea pequeña con flores blancas agrupadas en espiga cuyas hojas tienen un olor característico.

– Tonificante
– Antiespasmódico
– Ayuda a la digestión
– Fuente de antioxidantes
India

Existen muchas variedades: la albahaca de hoja pequeña, la albahaca de limón… pero la más utilizada en cocina es la albahaca «grande verde», también llamada «gran albahaca» o «hierbas de salsas».

✔ Se consume fresca, ya que pierde su olor al secarse. Para conservarla, poner el ramo en un vaso de agua, cambiando esta diariamente.

✔ Acompaña todo tipo de platos, carnes, pescados, verduras… Debe añadirse al final de la cocción, no cocinar.

✔ Las hojas «ampolladas» son más perfumadas.

✔ En infusión: un puñado por litro de agua hirviendo.

🎩 IDEAS PARA RECETAS

Unos tomates, algunas hojas de albahaca, mozzarella, y todo regado con un poco de aceite de oliva… ¡un deleite!

Espolvorear con queso de cabra y albahaca y cocer en el horno.

Unas cuantas hojas de albahaca con una ensalada de frutas… ¡una delicia!

• Salsa de pesto en Italia o salsa de pistou en la Provenza: hojas de albahaca trituradas con ajo, aceite de oliva y piñones. Excelente con pasta.

• Sopa de pistou: pasta, judías en grano, verduras, salsa de pistou.

VALORES NUTRICIONALES por 100 g de albahaca fresca (contenido medio)	
Calorías kcal	**30,7**
Kilojulios kJ (unidad internacional)	128
Proteínas (g)	3,12
Glúcidos (g)	1,23
Lípidos (g)	0,72
AG saturados	0,0455
AG monoinsaturados	0,104
AG poliinsaturados	0,45
Agua (g)	90
Fibras (g)	3,4
Colesterol (mg)	0
VITAMINAS (mg)	
Vit. C	22
Vit. E	0,17
Vit. B_1	0,057
Vit. B_2	0,193
Vit. B_3	1
Vit. B_5	0,209
Vit. B_6	0,162
(µg)	
Vit. A retinol/betacaroteno	0/3550
Vit. D	0
Vit. B_9	76,5
Vit. B_{12}	0
ELEMENTOS MINERALES (mg)	
Calcio	213
Cobre	0,385
Fósforo	46,5
Hierro	4,34
Magnesio	64
Manganeso	1,15
Potasio	298
Sodio	6,5
Zinc	0,755
(µg)	
Yodo	–
Selenio	–

ALCAPARRA

La alcaparra es el botón floral de un pequeño arbusto espinoso, el alcaparro, de 1 metro de altura y grandes flores blanco-rosadas de cuatro pétalos. Su sabor ligeramente agrio es un poco picante y afrutado. Se

- Tonificante
- Diurético
- Favorece la digestión
- Europa

consume tras dejarla macerar en vinagre o en sal. El fruto del alcaparro puede utilizarse de la misma forma. Lo encontramos sobre todo en Italia.

✔ Puede acompañar un entremés.

✔ Unas cuantas alcaparras en una salsa para pescado, carne o en un poco de mantequilla avinagrada.

✔ Acompaña bien la raya.

✔ En un ragú, una pizza, o cereales.

✔ Las alcaparras pequeñas confitadas en el vinagre son más sabrosas.

👨‍🍳 TAPENADE

Picar 250 g de aceitunas negras sin hueso. Cortar 6 filetes de anchoas en aceite. Añadir un diente de ajo cortado y 3 cucharaditas de alcaparras. Mezclar y añadir un chorrito de aceite de oliva. Servir sobre unas tostadas.

VALORES NUTRICIONALES por 100 g de alcaparras (contenido medio)	
Calorías kcal	**29,2**
Kilojulios kJ (unidad internacional)	123
Proteínas (g)	2,48
Glúcidos (g)	2,1
Lípidos (g)	0,48
AG saturados	0,122
AG monoinsaturados	0,0365
AG poliinsaturados	0,157
Agua (g)	88,8
Fibras (g)	2,35
Colesterol (g)	0
VITAMINAS (mg)	
Vit. C	10,6
Vit. E	0
Vit. B_1	0,024
Vit. B_2	0,0695
Vit. B_3	0,526
Vit. B_5	0,027
Vit. B_6	0,0465
(µg)	
Vit. A retinol/betacaroteno	0/41,5
Vit. D	0
Vit. B_9	30,5
Vit. B_{12}	0
ELEMENTOS MINERALES (mg)	
Calcio	29,5
Cobre	0,374
Fósforo	15
Hierro	1,28
Magnesio	33
Manganeso	0,078
Potasio	140
Sodio	2240
Zinc	0,26
(µg)	
Yodo	–
Selenio	–

ALCARAVEA

La alcaravea es una planta de flores blancas agrupadas en umbelas. Se utilizan los frutos marrones de sabor anisado. Estos, vendidos enteros o en polvo, son la especia o el condimento. Se confunde a menudo con el comino, cuyas semillas son más grandes, menos marrones y de sabor menos amargo.

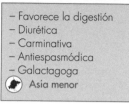

– Favorece la digestión
– Diurética
– Carminativa
– Antiespasmódica
– Galactagoga
Asia menor

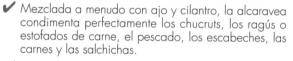

✔ Mezclada a menudo con ajo y cilantro, la alcaravea condimenta perfectamente los chucruts, los ragús o estofados de carne, el pescado, los escabeches, las carnes y las salchichas.

✔ Se combina muy bien con los pepinos.

✔ En ensalada de frutas, en repostería, en los panes de especias… También existe pan de alcaravea.

✔ Las hojas de alcaravea pueden consumirse crudas en una ensalada o cocidas en una sopa.

✔ En infusión, una cucharadita por taza de agua hirviendo.

✔ Aplastarlas y después asarlas antes de añadirlas a los platos.

VALORES NUTRICIONALES por 100 g de albahaca fresca (contenido medio)	
Calorías kcal	**26**
Kilojulios kJ (unidad internacional)	110
Proteínas (g)	4,90
Glúcidos (g)	1,56
Agua (g)	81,5
VITAMINAS (mg)	
Vit. C	184

ANÍS VERDE

- Favorece la digestión
- Antiespasmódico
- Expectorante
- Carminativo
- Galactagogo
- Asia

El anís verde es una planta de flores blancas o rosas agrupadas en umbelas cuyos frutos se consumen enteros o en polvo. Su sabor es dulce, caliente y anisado.

Facilita la montada de la leche, a menudo asociado con la alcaravea, al hinojo y al comino.

✔ En repostería: pastel, pan de especias.

✔ En confitería (peladilla con anís).

✔ Ingrediente de la fabricación del Pastis.

VALORES CALÓRICOS por 100 g de semillas de anís verde (contenido medio)	
Calorías kcal	337
Proteínas (g)	17,6
Glúcidos (g)	50
Lípidos (g)	15,9

ALBARICOQUES FRITOS CON PAN DE ESPECIAS Y ANÍS VERDE

Cortar en cuartos unos albaricoques. Dorarlos durante 5 minutos en una sartén con un poco de mantequilla. Esparcir semillas de anís verde y pan de especias en cubos. Servir caliente o templado acompañado de una bola de sorbete o de helado.

AZAFRÁN

El azafrán es una planta herbácea, una variedad de crocus, cuyos estigmas (parte superior del pistilo) de las flores violetas constituyen una especia de un hermoso color amarillo anaranjado tras secarse. Muy perfumado, tiene

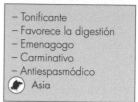
– Tonificante
– Favorece la digestión
– Emenagogo
– Carminativo
– Antiespasmódico
Asia

un sabor ligeramente acre, caliente y picante. Se vende en filamentos o molido.

✔ No añadir los estigmas de azafrán directamente en los platos, hay que rehidratarlos previamente.

✔ Para rehidratar los filamentos: dejarlos durante 10 minutos en remojo en un poco de agua caliente o tibia, añadirlos a los alimentos con el agua en la que se remojaron. Su sabor solo puede olerse durante la cocción.

✔ En la paella, una bullabesa, un arroz, una salsa.

✔ Se añade al principio de la cocción (en cantidades muy pequeñas) por su efecto colorante.

✔ Entra en la composición de la Chartreuse (licor).

✔ También se utiliza en repostería.

✔ En infusión: unos cuantos estigmas por litro de agua hervida, dejar en infusión durante 5 minutos.

✔ Optar por los filamentos más que en polvo, ya que a veces es reemplazado por cúrcuma u otros…

✔ Cuidado, puede ser tóxico en dosis altas.

VALORES CALÓRICOS por cada 100 g de azafrán	
Calorías kcal	**360,3**
Proteínas (g)	11,4
Glúcidos (g)	65,4
Lípidos (g)	5,9

CANELA

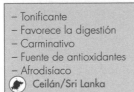

- Tonificante
- Favorece la digestión
- Carminativo
- Fuente de antioxidantes
- Afrodisíaco
- Ceilán/Sri Lanka

La canela es la corteza marrón de los tallos jóvenes del canelo, árbol grande que puede llegar a los 15 metros de altura.

La canela de Ceilán es presentada en forma de tubo. La corteza se enrolla sobre sí misma cuando se seca liberando así su aroma dulce (también se vende en polvo, molida). Además, existe la canela de China o «casia», de corteza más clara y muy dura, de sabor más picante, menos dulce, en forma de pequeñas cuchillas aún con el corcho.

Esta está fuertemente cargada de cumarina (molécula natural), tóxica a dosis demasiado altas. Es no obstante la que más encontramos en el comercio y la que más se utiliza en la industria agroalimentaria, de ahí las alertas sanitarias sobre la tasa de cumarina en los bollos de canela.

25

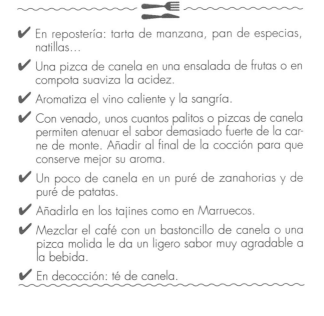

✔ En repostería: tarta de manzana, pan de especias, natillas…

✔ Una pizca de canela en una ensalada de frutas o en compota suaviza la acidez.

✔ Aromatiza el vino caliente y la sangría.

✔ Con venado, unos cuantos palitos o pizcas de canela permiten atenuar el sabor demasiado fuerte de la carne de monte. Añadir al final de la cocción para que conserve mejor su aroma.

✔ Un poco de canela en un puré de zanahorias y de puré de patatas.

✔ Añadirla en los tajines como en Marruecos.

✔ Mezclar el café con un bastoncillo de canela o una pizca molida le da un ligero sabor muy agradable a la bebida.

✔ En decocción: té de canela.

VALORES NUTRICIONALES por 100 g de canela (contenido medio)	
Calorías kcal	266
Kilojulios kJ (unidad internacional)	1110
Proteínas (g)	3,96
Glúcidos (g)	36,6
Lípidos (g)	1,88
AG saturados	0,507
AG monoinsaturados	0,369
AG poliinsaturados	0,228
Agua (g)	10,4
Fibras (g)	43,5
Colesterol (mg)	0
VITAMINAS (mg)	
Vit. C	11,9
Vit. E	1,16
Vit. B_1	0,0413
Vit. B_2	0,074
Vit. B_3	1,32
Vit. B_5	0,358
Vit. B_6	0,189
(µg)	
Vit. A retinol/betacaroteno	0/134
Vit. D	0
Vit. B_9	38
Vit. B_{12}	0
ELEMENTOS MINERALES (mg)	
Calcio	1080
Cobre	0,339
Fósforo	63
Hierro	18,2
Magnesio	60
Manganeso	17,5
Potasio	454
Sodio	15,3
Zinc	1,89
(µg)	
Yodo	–
Selenio	3,1

CARDAMOMO VERDE

- Estimula el tránsito intestinal
- Diurético
- Carminativo
- India

El cardamomo verde es una planta grande de tres metros de altura de flores blancas, parecidas a un junco. Se consumen las cápsulas secas que contienen semillas pardas, de sabor alcanforado y apimentado. Las semillas pierden su olor rápidamente una vez fuera de sus cápsulas.

Existe también el «cardamomo blanco» de semillas más claras descoloridas con azufre y el «cardamomo amarillo», cuyas semillas han estado expuestas al sol durante mucho tiempo.

El cardamomo se utiliza desde siempre para refrescar el aliento (morder directamente unas cuantas semillas de cardamomo).

✔ Aplastar las semillas justo antes de consumirlas, mantendrán todo su perfume.

✔ Entra en la preparación de productos de confiterías, reposterías (tartas), compotas.

✔ Algo de cardamomo en una pierna de cordero, carne de ave o en una tortilla le dará una nota de fantasía. En Alemania este aromatiza los embutidos.

✔ Puede perfumar el arroz.

✔ Unas semillas de cardamomo perfuman agreablemente un buen café (sobre todo en el norte de África.

✔ Existe un té de cardamomo (sobre todo en Yemen y Etiopía).

✔ Puede sustituir al jengibre o a la canela.

VALORES CALÓRICOS por 100 g de cardamomo molido	
Calorías kcal	**311**
Proteínas (g)	10,7
Glúcidos (g)	68,4
Lípidos (g)	6,7

CEBOLLA

La cebolla es una hortaliza cuyo bulbo, de sabor acre y picante, y ligeramente dulce, consumimos de forma habitual. Contiene compuestos azufrados que caracterizan su olor. Existen dos variedades principales: las cebollas de bulbo

– Tonificante
– Diurético
– Antiinfeccioso
– Antianémico
– Fuente de antioxidantes
Asia

grande (de capas amarillas, blancas o rojas) y las cebollas pequeñas blancas (de capas blancuzcas, mas tiernas).

Elegir cebollas de buen aspecto y brillantes (sin manchas). Para evitar llorar mientras se pela (acción de un derivado azufrado), hay que comerse un poquito de azúcar o pelarla bajo el agua.
Para quitarse su olor tenaz, lavarse las manos con agua salada.
Evitar conservarla en la nevera, ya que esparce su olor a los demás alimentos (o en tal caso, envolverlo con papel de plástico).

✔ Se consume cruda en ensalada.

✔ Para que sea más digestiva, conservando todo su sabor, blanquearla en agua hirviendo y después pasarlo bajo el chorro de agua fría y picarla finamente o incluso cocinarlo al vapor.

✔ Las hojas de las plantas están muy bien en las ensaladas o tortillas.

✔ Cortadas en láminas, rehogadas en la sartén, sazonan todo tipo de platos: carnes, verduras, cereales (cocinarlos mucho tiempo a fuego lento, estarán más tiernas).

✔ Una compota de cebollas mezclada con unas cuantas almendras y un poco de caldo será una salsa exquisita para un escalope de ternera.

VALORES NUTRICIONALES	
por 100 g de cebolla cruda (contenido medio)	
Calorías kcal	**43,2**
Kilojulios kJ (unidad internacional)	182
Proteínas (g)	1,25
Glúcidos (g)	7,37
Lípidos (g)	0,585
AG saturados	0,0443
AG monoinsaturados	0,017
AG poliinsaturados	0,0537
Agua (g)	88,7
Fibras (g)	1,42
Colesterol (mg)	1,05
VITAMINAS (mg)	
Vit. C	6
Vit. E	<0,31
Vit. B_1	<0,05
Vit. B_2	<0,05
Vit. B_3	<0,05
Vit. B_5	0,15
Vit. B_6	0,1
(µg)	
Vit. A retinol/betacaroteno	0/<50
Vit. D	0
Vit. B_9	20,5
Vit. B_{12}	0
ELEMENTOS MINERALES (mg)	
Calcio	31
Cobre	<0,13
Fósforo	29,7
Hierro	0,143
Magnesio	9,16
Manganeso	0,115
Potasio	179
Sodio	<39
Zinc	0,18
(µg)	
Yodo	2,6
Selenio	<6

🍳 TARTA DE CEBOLLAS: «PISSALADIÈRE»

Utiliza una base de tarta y esparcir sobre esta queso Gruyère rallado y mostaza. Cubrir con cebollas fritas. Poner a hornear unos minutos y servir.

VALORES NUTRICIONALES por 100 g de cebolla frita (contenido medio)	
Calorías kcal	**30,2**
Kilojulios kJ (unidad internacional)	127
Proteínas (g)	1,04
Glúcidos (g)	5,36
Lípidos (g)	0,2
AG saturados	0,0235
AG monoinsaturados	0,02
AG poliinsaturados	0,0555
Agua (g)	91,5
Fibras (g)	1,4
Colesterol (mg)	1,3
VITAMINAS (mg)	
Vit. C	2,55
Vit. E	<0,15
Vit. B_1	<0,05
Vit. B_2	<0,05
Vit. B_3	<0,05
Vit. B_5	0,13
Vit. B_6	0,09
(µg)	
Vit. A retinol/betacaroteno	0/<50
Vit. D	trazas
Vit. B_9	27
Vit. B_{12}	0
ELEMENTOS MINERALES (mg)	
Calcio	28,9
Cobre	<0,162
Fósforo	44
Hierro	0,21
Magnesio	12,8
Manganeso	0,119
Potasio	218
Sodio	6,4
Zinc	0,187
(µg)	
Yodo	1
Selenio	<10

CEBOLLETA

- Favorece la digestión
- Antiséptico
- Fuente de antioxidantes
- Siberia

La cebolleta es una planta perenne con pequeñas flores de color rosa vivo agrupadas en umbelas globulosas. Se utilizan las hojas de sabor acre y picante.

✔ Unas cuantas briznas de cebolleta en una ensalada de tomates, unas crudités, una tortilla, queso blanco, patatas salteadas o al vapor.

✔ Aromatiza a la perfección una vinagreta.

✔ En un potaje, con pescado, una carne blanca o pollo.

✔ Añadir al final de cocción para evitar que se cocine.

MANTEQUILLA CON CEBOLLETA

Mezclar 4 cucharadas soperas de cebolleta picada a 100 g de mantequilla sin sal. Fácil de hacer y delicioso con patatas, huevos, pollo...

CREMA DE CEBOLLETA

Mezclar 400 g de queso blanco con un poco de crema fresca y batir enérgicamente. Echarle sal, pimienta y echar la cebolleta picada. Mezclarlo bien y conservarlo en la nevera hasta el momento de servirlo. Esta salsa es ideal para acompañar un plato de pescado, unas patatas o unas verduras crudas con forma de bastoncillo para el aperitivo. Se puede preparar esta salsa con las hierbas aromáticas que prefieras: perejil, cebolleta, albahaca, estragón...

VALORES NUTRICIONALES por 100 g de cebollino o cebolleta fresca (contenido medio)	
Calorías kcal	**34,4**
Kilojulios kJ (unidad internacional)	145
Proteínas (g)	2,3
Glúcidos (g)	4,42
Lípidos (g)	0,433
AG saturados	0,064
AG monoinsaturados	0,0338
AG poliinsaturados	0,178
Agua (g)	90,2
Fibras (g)	1,83
Colesterol (mg)	0
VITAMINAS (mg)	
Vit. C	34,2
Vit. E	1,17
Vit. B_1	0,08
Vit. B_2	0,15
Vit. B_3	0,7
Vit. B_5	0,191
Vit. B_6	0,205
(µg)	
Vit. A retinol/betacaroteno	0/1380
Vit. D	0
Vit. B_9	135
Vit. B_{12}	0
ELEMENTOS MINERALES (mg)	
Calcio	69,5
Cobre	0,0853
Fósforo	50,3
Hierro	1,23
Magnesio	21
Manganeso	0,848
Potasio	230
Sodio	12,3
Zinc	0,333
(µg)	
Yodo	2,2
Selenio	trazas

- Favorece la digestión
- Antiséptico
- Remineralizante
- Antianémico
- Asia central

La chalota es una planta aromática de flores blancas o violetas que se diferencia de la cebolla por su bulbo. Este, de sabor picante y acre, se consume. Las chalotas pequeñas son las más sabrosas.

Se pueden distinguir:

- La chalota larga: capa roja de sabor pronunciado. Cocinar con la piel, en papillote como una patata (recomendado para las cocciones largas).
- La chalota redonda o semilarga: capa roja de sabor más suave. Consumir cruda en ensalada o crudités.
- La chalota gris: capa gris de sabor dulce. Consumir cruda, con una ensalada.

☞ No meter la chalota en la nevera, la llenará de olor (o bien envolverla en papel de plástico).
Como la cebolla, puede hacerte llorar, pelarla debajo del agua.

33

✔ Para aromatizar una vinagreta o mantequilla (para acompañar una carne a la plancha o algo de pescado).

✔ Para perfumar una sopa de perejil.

✔ Atenúa la acidez de un consomé de tomates frescos.

VALORES NUTRICIONALES por 100 g de chalotes crudos (contenido medio)	
Calorías kcal	**76,6**
Kilojulios kJ (unidad internacional)	323
Proteínas (g)	1,9
Glúcidos (g)	15,9
Lípidos (g)	0,15
AG saturados	0,017
AG monoinsaturados	0,014
AG poliinsaturados	0,039
Agua (g)	79,4
Fibras (g)	1,8
Colesterol (mg)	0
VITAMINAS (mg)	
Vit. C	9
Vit. E	0,26
Vit. B_1	0,045
Vit. B_2	0,03
Vit. B_3	0,2
Vit. B_5	0,29
Vit. B_6	0,222
(µg)	
Vit. A retinol/betacaroteno	0/28
Vit. D	trazas
Vit. B_9	34
Vit. B_{12}	–
ELEMENTOS MINERALES (mg)	
Calcio	31
Cobre	0,088
Fósforo	42,5
Hierro	0,95
Magnesio	16,5
Manganeso	0,292
Potasio	242
Sodio	11
Zinc	0,4
(µg)	
Yodo	2
Selenio	–

👨‍🍳 SALSAS DE CHALOTA

- Picar las chalotas, añadir una cucharada de queso blanco, un zumo de limón y una pizca de sal. Acompaña muy bien a unas patatas al vapor o unas crudités.
- Mezclar una cucharada sopera de vinagre de vino, tres cucharadas soperas de aceite de oliva y dos ramas de estragón picado. Echar sal y pimienta. Dejar marinar una chalota picada aproximadamente una hora en esta mezcla.

👨‍🍳 CHALOTAS CONFITADAS

Cocinarlas lentamente con algo de agua, vino tinto, mantequilla y azúcar. Servirlas en verduras, acompañando pollo, carne o pescado.

👨‍🍳 TORTILLA DE CHALOTA

Picar las chalotas, rehogarlas en aceite de oliva, dorarlas y añadirlas a una tortilla. Añadir un puñado de perejil, ¡es un verdadero deleite!

CHILE (PIMIENTO)

El chile es un subarbusto de pequeñas flores blancas o violetas. Se utiliza su fruto largo, puntiagudo, de sabor acre, ardiente y muy picante. De color rojo brillante, cuando está maduro, puede ser amarillo, naranja, verde o violeta según las variedades.

- Tonificante
- Estimula el tránsito intestinal
- Fuente de antioxidantes
- Afrodisíaco
- Brasil

Se vende entero o en polvo, muy utilizado en la cocina exótica.
El chile (condimento) y el pimiento (morrón) proceden de la misma planta, es gracias a su forma y a su sabor más o menos picante por que se distinguen.

Para los estómagos delicados y para que el pimiento sea menos fuerte, hay que quitarles las semillas.
Para evitar tener la «boca en llamas», tomar un yogur o un pedazo de miga de pan, pero sobre todo no beber.
Tras haber utilizado los chiles, lavarse muy bien las manos para evitar irritaciones.

✔ Adereza las salsas, las verduras y el couscous (harissa).

✔ Unos chiles marinados en aceite de oliva perfuma pizzas o parrilladas.

✔ El tabasco se hace a partir de chiles macerados en vinagre y sal.

VALORES CALÓRICOS por 100 g de chiles	
Calorías kcal	**318**
Proteínas (g)	12
Glúcidos (g)	56,6
Lípidos (g)	17,2

CILANTRO

- Tonificante
- Favorece la digestión
- Carminativo
- Antiespasmódico
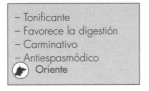 Oriente

El cilantro es una planta herbácea aromática de flores blancas agrupadas en umbela. Se utilizan sus frutos redondos marrones (frescos o secos) y sus hojas frescas para cocinar. Tienen un sabor floral, afrutado y especiado.

✔ Para aromatizar un caldo corto (1 cucharadita).

✔ Unas cuantas semillas de cilantro en unas endivias asadas o a la plancha (añadir al final de cocción) o en un plato de zanahorias rayadas, por ejemplo.

✔ Hacer una salsa con cilantro, ajo, menta y limón… ¡Una delicia!

✔ A veces se utilizan las hojas para perfumar las ensaladas o para hacer una salsa verde con ajo y aceite de oliva (las hojas se utilizan como el perejil).

✔ En infusión: 1 cucharadita por taza de agua hirviendo, a veces asociado con hinojo y anís.

✔ Perfuma agradablemente los platos de régimen sin sal.

GUACAMOLE

En una ensaladera, cortar en trozos la carne de 4 aguacates y añadir zumo de limón. Aplastarlo con un tenedor. Añadir 1/2 rama de cilantro picado, un poco de sal y pimiento de Espelette. Consumir con unos picos, unas regañás o unas tostaditas de pan.

VALORES NUTRICIONALES por 100 g de semillas de cilantro (contenido medio)	
Calorías kcal	**346**
Kilojulios kJ (unidad internacional)	1430
Proteínas (g)	12,4
Glúcidos (g)	13
Lípidos (g)	17,8
AG saturados	0,966
AG monoinsaturados	13,6
AG poliinsaturados	3,23
Agua (g)	8,88
Fibras (g)	41,9
Colesterol (mg)	0
VITAMINAS (mg)	
Vit. C	21
Vit. E	1,9
Vit. B_1	0,239
Vit. B_2	0,29
Vit. B_3	2,13
Vit. B_5	–
Vit. B_6	0,4
(µg)	
Vit. A retinol/betacaroteno	00
Vit. D	0
Vit. B_9	43
Vit. B_{12}	0
ELEMENTOS MINERALES (mg)	
Calcio	709
Cobre	0,975
Fósforo	409
Hierro	16,3
Magnesio	330
Manganeso	1,9
Potasio	1270
Sodio	35
Zinc	4,7
(µg)	
Yodo	–
Selenio	–

- Antiséptico
- Diurético
- Afrodisíaco
- Fuente de antioxidantes
- Antiespasmódico
- Indonesia

El clavo es un botón floral seco que viene de un árbol tropical de unos 20 metros de altura, el clavero. Muy aromático, ligeramente picante, su color marrón procede del hecho de que las flores se han secado al sol.

👍 En caso de dolor de muelas, aplicar un clavo sobre la encía alivia el dolor (se emplea en las preparaciones dentales por sus virtudes antisépticas debido a su riqueza en eugenol).

Clavar unos cuantos clavos en una naranja perfumará agradablemente un armario y alejará a los mosquitos.

39

✔ Su aroma particular perfuma un caldo corto, una marinada, un ragú o un chucrut.

✔ Dos o tres clavos en una cebolla para aromatizar un guiso o un estofado de carne.

✔ En unas peras al vino, echamos unos cuantos clavos para resaltar el sabor del vino.

✔ En infusión: cuatro clavos por cada taza de agua hirviendo. Dejar infusionar 2 minutos.

✔ Para que su sabor no impregne mucho un plato (pueden darle un olor rancio), hay que retirar los clavos al final de la cocción, aún más si queremos conservarlo.

VALORES CALÓRICOS por 100 g de clavos de olor molidos	
Calorías kcal	**323**
Proteínas (g)	5,9
Glúcidos (g)	61,2
Lípidos (g)	20

COMINO

El comino es una planta herbácea de flores blanco-rosadas pequeñas agrupadas en umbela. Utilizamos los frutos, que son largos y finos de color marrón claro, ya sea enteros o molidos (el polvo

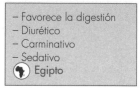

– Favorece la digestión
– Diurético
– Carminativo
– Sedativo
🌍 Egipto

conserva mejor sus propiedades aromáticas durante cerca de un año). Muy perfumado, algo amargo.

✔ A menudo asociado al azafrán, se utiliza en repostería, en algunos panes y licores.

✔ Algunas semillas de comino para condimentar zanahorias ralladas, un chucrut, arroz, un ragú, pescado, una marinada…

✔ Una mezcla de comino y de guindas negras trituradas adornan muy bien los quesos de cabra frescos o el munster. También se puede encontrar queso gouda con comino.

✔ Si se consumen las semillas, hay que aplastarlas y asarlas antes de utilizarlas.

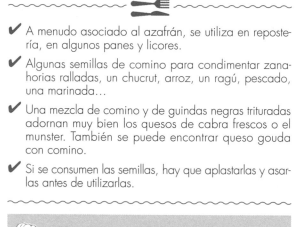

👨‍🍳 CAPPUCCINO DE ZANAHORIAS A LA NARANJA, CILANTRO Y COMINO

Rehogar unas zanahorias en una cacerola con aceite de oliva. Añadir 1,5 litro de agua, un kg de zanahorias en rodajas y la cáscara de una naranja. Dejar cocinar durante 30 minutos. Añadir una pizca de comino y dos petit-suisses. Mezclar y servir en un vasito de cristal.

VALORES NUTRICIONALES por 100 g de semillas de comino (contenido medio)	
Calorías kcal	**428**
Kilojulios kJ (unidad internacional)	1780
Proteínas (g)	17,8
Glúcidos (g)	33,7
Lípidos (g)	22,3
AG saturados	1,13
AG monoinsaturados	14,4
AG poliinsaturados	2,9
Agua (g)	8,09
Fibras (g)	10,5
Colesterol (mg)	0
VITAMINAS (mg)	
Vit. C	7,85
Vit. E	2,72
Vit. B_1	0,629
Vit. B_2	0,328
Vit. B_3	4,59
Vit. B_5	–
Vit. B_6	0,438
(µg)	
Vit. A retinol/betacaroteno	0/762
Vit. D	0
Vit. B_9	5
Vit. B_{12}	0
ELEMENTOS MINERALES (mg)	
Calcio	931
Cobre	0,867
Fósforo	499
Hierro	66,4
Magnesio	366
Manganeso	3,33
Potasio	1790
Sodio	168
Zinc	4,8
(µg)	
Yodo	–
Selenio	–

CÚRCUMA

La cúrcuma es una planta herbácea tropical de la familia del jengibre, de flores blancas y amarillas agrupadas en espiga. Se utiliza el rizoma (tallo subterráneo) seco, de gusto apimentado, especiado y amargo. Normalmente se vende molida. Contiene curcumina que tiñe de amarillo los productos alimentarios y los licores.

– Tonificante
– Favorece la digestión
– Antiespasmódico
– Antibacteriano
– Antiinflamatorio
– Estimulante hepático
– Fuente de antioxidantes
– Antiinfeccioso
🐦 Java

✔ Perfuma el arroz o la pasta.

✔ Entra en la composición del curry y le da su color.

✔ Con leguminosas (lentejas, judías blancas…).

✔ Se utiliza como colorante natural E100 para teñir algunas mostazas, algunas mantequillas o cortezas de queso…

✔ En infusión: un puñado por litro.

VALORES CALÓRICAS por 100 g de cúrcuma molida	
Calorías kcal	354
Proteínas (g)	7,8
Glúcidos (g)	64,9
Lípidos (g)	9,8

CURRY

- Favorece la digestión
- Fuente de antioxidantes
- Antiinfeccioso

🗺 **India**

El curry es una mezcla de especias que varía según las regiones. Puede contener de cinco a cincuenta especias diferentes.

Por tanto, existen numerosas fórmulas de curry, cuya composición y proporciones de cada especia varían según el país de origen. Se encuentra así el curry aromático de India, el curry de las Antillas, el curry rojo thaï (de Tailandia)…

Las especias utilizadas con más regularidad son la canela, el cilantro, el comino, la pimienta, el cardamomo, el clavo de olor, el jengibre, la nuez moscada, y la cúrcuma, que le da su color amarillo. Se encuentra en polvo, en forma de pasta o en líquido.

Existe el curry suave, el semipicante y el fuerte o picante, esto depende de la cantidad utilizada de pimienta o de pimiento.

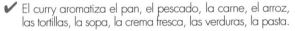

✔ El curry aromatiza el pan, el pescado, la carne, el arroz, las tortillas, la sopa, la crema fresca, las verduras, la pasta.

✔ Para una cocción al horno: untar la carne con una mezcla hecha de 1 cucharada de aceite de oliva y de una pizca de curry.

✔ Probar piña fresca con una pizca de curry, una verdadera delicia…

✔ Para que desprenda el máximo sabor, hay que calentar el curry en polvo con mantequilla o aceite de oliva antes de incorporarlo al plato.

👨‍🍳 SALSA DE CURRY

Una cuchara de pasta de curry y de salsa de soja suavizadas con leche de coco acompañan muy bien a trozos de pollo rehogados en aceite de oliva.

VALORES NUTRICIONALES por 100 g de curry en polvo (contenido medio)	
Calorías kcal	**342**
Kilojulios kJ (unidad internacional)	1420
Proteínas (g)	12,7
Glúcidos (g)	25,2
Lípidos (g)	13,8
AG saturados	2,24
AG monoinsaturados	5,55
AG poliinsaturados	2,56
Agua (g)	9,51
Fibras (g)	33,2
Colesterol (mg)	0
VITAMINAS (mg)	
Vit. C	11,4
Vit. E	22
Vit. B_1	0,252
Vit. B_2	0,281
Vit. B_3	3,48
Vit. B_5	–
Vit. B_6	1,15
(µg)	
Vit. A retinol/betacaroteno	0/592
Vit. D	0
Vit. B_9	20
Vit. B_{12}	0
ELEMENTOS MINERALES (mg)	
Calcio	478
Cobre	0,927
Fósforo	349
Hierro	29,7
Magnesio	254
Manganeso	4,29
Potasio	1540
Sodio	52
Zinc	4,05
(µg)	
Yodo	0,5
Selenio	17,1

- Tonificante
- Favorece la digestión
- Depurativo
- Diurético
- Antirreumático
- Europa

El enebro es el fruto de un arbusto de flores verde-amarillas, que tiene el mismo nombre.

Es una baya pequeña de color negro-violácea seca, aromática, ligeramente dulce y picante.

No inquietarse si se observa que la orina tiene un delicado olor a violetas, esto se debe a las bayas del enebro.

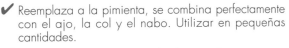

✔ Reemplaza a la pimienta, se combina perfectamente con el ajo, la col y el nabo. Utilizar en pequeñas cantidades.

✔ Para perfumar una marinada de venado, una carne asada, un chucrut...

✔ Añadirlo en un relleno de pollo o de pintada.

✔ En infusión: unas cuantas bayas por taza de agua hirviendo (no utilizar en caso de embarazo).

✔ Tras ser fermentado y destilado, provee un alcohol famoso, la ginebra.

VALORES CALÓRICOS por 100 g de bayas de enebro	
Calorías kcal	**196**
Proteínas (g)	–
Glúcidos (g)	35
Lípidos (g)	–

ENELDO

El eneldo es una planta aromática de pequeñas flores amarillas agrupadas en grandes umbelas cuyos frutos marrones y hojas se consumen. Su sabor es especiado, cálido y suave, anisado y parecido al del hinojo.

- Tonificante
- Carminativo
- Galactagogo
- Favorece la digestión
- Eficaz contra el hipo
- Asia, Cuenca mediterránea

👍 Picar las hojas en vez de cortarlas con unas tijeras, tendrán más **aroma//gusto**.
Añadir las hojas al final de la cocción.
Muy fáciles de congelar para tener durante todo el año.

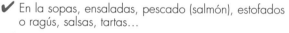

✔ En la sopas, ensaladas, pescado (salmón), estofados o ragús, salsas, tartas…

✔ Una salsa de yogur con eneldo picado muy fino, sobre unas crudités, unas patatas…

✔ Confit con los pepinillos.

✔ Ingrediente en la composición de algunos licores.

✔ En infusión: un puñado por litro.

VALORES CALÓRICOS por 100 g de eneldo seco	
Calorías kcal	**342,8**
Proteínas (g)	20
Glúcidos (g)	55,8
Lípidos (g)	4,4

- Tonificante
- Favorece la digestión
- Antiséptico
- Diurético
- Asia central

El estragón es una planta perenne de pequeñas flores amarillentas agrupadas en capítulos (flores apretadas las unas contra las otras agrupadas sobre un receptáculo). Se consumen las hojas frescas o secas, de sabor aromático, cálido y picante, y ligeramente anisadas.

No se aconseja en el caso de embarazo, ya que es abortivo (provoca aborto).
Un ramo de estragón elimina los malos olores de la nevera.

47

✔ Con unas crudités, unas vieiras, una ensalada, una tortilla, una salsa tártara o bearnesa…

✔ La mostaza de estragón es muy sabrosa.

✔ Añadir, por ejemplo, algunas hojas de estragón sobre una carne blanca (pollo al estragón) o con pescado en papillote (con unos tomates, cebollas y limón).

✔ Una rama de estragón macerado en vinagre de sidra hace un excelente vinagre de estragón.

✔ Puede reemplazar la sal o la pimienta en algunos regímenes. Utilizar en pequeñas cantidades.

VALORES CALÓRICOS por 100 g de estragón	
Calorías kcal	**356,8**
Proteínas (g)	22,8
Glúcidos (g)	50,2
Lípidos (g)	7,2

HIERBABUENA
o «menta verde»

La hierbabuena es una planta herbácea, perenne, aromática de flores rosa-lilas. Se consumen las hojas de sabor mentolado, frescas o secas. Existen numerosas variedades de menta, pero la hierbabuena es la más común… Sin olvidar la menta piperita, de aroma muy pronunciado.

– Tonificante
– Favorece la digestión
– Antiséptica
– Diurética
– Carminativa
🌏 Asia

✔ Unas cuantas hojas de hierbabuena enteras o picadas con una ensalada verde, ensalada de frutas, de pepinos, de zanahorias ralladas… O como acompañamiento de los rollitos de primavera.

✔ La hierbabuena es el ingrediente indispensable del tabulé (al igual que de la ensalada de bulgur).

✔ También se pueden utilizar las hojas de hierbabuena secas en un asado de carne o de pescado.

✔ En tisana: un puñado de hojas por taza de agua hirviendo (evitar por la noche si la persona tiene problemas de sueño).

✔ Cuando está fresca, hay que añadir la hierbabuena en el último momento, ya que esta se pone negra tras ser cortada.

🍳 TALLARINES DE PEPINO CON HIERBABUENA Y FETA

Preparar una salsa con algo de sal, el jugo de medio limón y aceite de oliva. Añadir un pepino cortado en tiras, queso feta en cubitos, un puñado de piñones y diez hojas de hierbabuena picadas. Mezclar y servir inmediatamente.

VALORES NUTRICIONALES	
por 100 g de hierbabuena fresca (contenido medio)	
Calorías kcal	**48,6**
Kilojulios kJ (unidad internacional)	202
Proteínas (g)	3,61
Glúcidos (g)	3,37
Lípidos (g)	0,79
AG saturados	0,186
AG monoinsaturados	0,109
AG poliinsaturados	0,337
Agua (g)	83,5
Fibras (g)	6,8
Colesterol (mg)	0
VITAMINAS (mg)	
Vit. C	25,4
Vit. E	5
Vit. B_1	0,0933
Vit. B_2	0,257
Vit. B_3	1,25
Vit. B_5	0,294
Vit. B_6	0,126
(µg)	
Vit. A retinol/betacaroteno	0/740
Vit. D	0
Vit. B_9	110
Vit. B_{12}	0
ELEMENTOS MINERALES (mg)	
Calcio	217
Cobre	0,284
Fósforo	69,3
Hierro	8,82
Magnesio	71,5
Manganeso	1,15
Potasio	429
Sodio	25,3
Zinc	1,03
(µg)	
Yodo	–
Selenio	0,5

JENGIBRE

El jengibre es una planta herbácea de flores amarillas y rojas cuyo rizoma (tallo subterráneo), de carne amarillenta, fibrosa, alcanforada, ardiente, más o menos picante se utiliza. Se vende entero o en polvo.

- Tonificante
- Favorece la digestión
- Antinauseabundo
- Carminativo
- Tónico venoso
- Afrodisíaco
- India, China

✔ Fresco, crudo, hay que pelarlo y después rallarlo o cortarlo en pequeños dados. La calidad de un jengibre se ve en la facilidad con la cual se corta (no demasiadas fibras).

✔ Ingrediente en la composición de platos salados: en una salsa vinagreta, en un tagine, con pescado o con un plato japonés. Una pizca de jengibre rallado con un poco de salsa de soja y agua en la fritura garantiza una mejor digestión.

✔ También se puede encontrar en los platos dulces: en una ensalada de frutas, en helados, en pan de especias. Asimismo se puede hacer una tarta de plátano con chocolate y jengibre, ¡una delicia!

✔ Para una decocción de jengibre en invierno: cocinar una cucharadita en un poco de agua, filtrar y beber.

✔ Utilizar en pequeñas cantidades a causa de la pulpa picante.

✔ El jengibre fresco (sin pelar) se conserva muy bien en la nevera envuelto en papel de plástico.

🍴 POLLO CON JENGIBRE

Pelar y cortar la carne en trozos. Dorar un poco una cebolla en un poco de aceite, añadir un concentrado de tomates y 150 g de jengibre fresco rallado. Cocinar durante 3 minutos removiéndolo y añadir el pollo. Al final de la cocción, espolvorear el plato con cebolleta o cilantro.

VALORES NUTRICIONALES por 100 g de jengibre molido (contenido medio)	
Calorías kcal	**332**
Kilojulios kJ (unidad internacional)	1400
Proteínas (g)	8,98
Glúcidos (g)	57,5
Lípidos (g)	4,24
AG saturados	2,6
AG monoinsaturados	0,479
AG poliinsaturados	0,929
Agua (g)	9,94
Fibras (g)	14,1
Colesterol (mg)	0
VITAMINAS (mg)	
Vit. C	0,7
Vit. E	–
Vit. B_1	0,046
Vit. B_2	0,17
Vit. B_3	9,62
Vit. B_5	0,477
Vit. B_6	0,626
(µg)	
Vit. A retinol/betacaroteno	0/18
Vit. D	0
Vit. B_9	34
Vit. B_{12}	0
ELEMENTOS MINERALES (mg)	
Calcio	114
Cobre	0,48
Fósforo	168
Hierro	19,8
Magnesio	214
Manganeso	33,3
Potasio	1320
Sodio	27
Zinc	3,64
(µg)	
Yodo	–
Selenio	–

☞ Unas compresas calientes de jengibre rallado o en polvo estimulan la circulación sanguínea. Su efecto es incluso más fuerte que el de las cataplasmas de mostaza.

LAUREL

El laurel o «laurel noble» es un arbusto aromático de 2 a 6 metros de altura de flores blancas-amarillentas. Se utilizan las hojas duras de sabor aromático que se compran con más frecuencia secas.

- Favorece la digestión
- Antiespasmódico
- Diurético
- Carminativo
- Asia

Cuidado, el laurel y la adelfa son tóxicos.

✔ En un ramillete con tomillo, en un guiso o estofado, un caldo corto o un ragú. También lo encontramos en la composición de ciertas salsas.

✔ En infusión: dos hojas por taza.

✔ En decocción: su raíz tiene propiedades expectorantes.

✔ Utilizar en pequeñas cantidades (de dos a tres hojas) por su sabor amargo. Retirar tras la cocción.

VALORES CALÓRICOS por 100 g de laurel	
Calorías kcal	**313**
Proteínas (g)	7,6
Glúcidos (g)	74,9
Lípidos (g)	8,3

- Favorece la digestión
- Antiséptica
- Expectorante
- Antiespasmódica
- Carminativa
- Asia

La mejorana es un subarbusto muy aromático de flores blancas, rosas o violetas en forma de cáliz. Sus hojas se utilizan frescas o secas.

Es una especia muy cercana a la del orégano, que se diferencia por sus flores más pequeñas y más claras. Sin embargo, se utilizan de la misma forma.

✔ En una ensalada, tortilla, salsa, en una pizza, en terrinas, en concentrado de tomates… Se combina muy bien con los calabacines y las berenjenas.

✔ Aromatizar una sopa o una marinada añadiendo unas cuantas hojas de mejorana enteras o picadas.

✔ Dejar macerar las hojas en aceite de oliva para aromatizar los asados.

✔ En infusión: dos o tres hojas por taza de agua hirviendo.

VALORES CALÓRICOS por 100 g de mejorana deshidratada	
Calorías kcal	**271**
Proteínas (g)	12,6
Glúcidos (g)	60,5
Lípidos (g)	7,04

MOSTAZA

La mostaza es una planta herbácea de flores amarillas y semillas marrones o negras con sabor picante.

- Tonificante
- Favorece la digestión
- Antiséptico
- Laxante
- Asia

Para hacer la mostaza, hay que limpiar las semillas, empaparlas (vinagre, agua, sal), aplastarlas y tamizar. Se obtiene una pasta que se almacena en una cuba para quitarle el gusto amargo, y que luego se envasa en tarros.

Existen más de cuarenta especies de las cuales se utilizan tres generalmente como condimento… La mostaza blanca o amarilla (caliente y picante), la mostaza negra (más fuerte que la blanca) y la mostaza marrón (ligeramente apimentada).

Favorece la secreción de jugos gástricos y de las glándulas salivares, estimula el apetito y facilita la digestión si se utiliza con moderación.

☝ Conservar en un lugar fresco una vez abierto el tarro. Cuidado, si se toma una dosis fuerte, los estómagos débiles la soportarán mal.

✔ Como acompañamiento de carnes, carne de ave (calientes o frías).

✔ En las mayonesas y vinagretas.

✔ Para cocinar conejo, pescado o muslos de pollo… recubrir de mostaza antes de ponerlos al horno.

✔ Va muy bien con las lentejas.

✔ Las hojas de la mostaza negra se preparan como las espinacas (se incorporan en una tortilla o un puré de patatas).

✔ Las flores de la mostaza son dulces, y si se mezclan con nata, se pueden hacer salsas para carnes.

VALORES NUTRICIONALES	
por 100 g de mostaza (salsa condimentaria) (contenido medio)	
Calorías kcal	**165**
Kilojulios kJ (unidad internacional)	683
Proteínas (g)	7,08
Glúcidos (g)	2,38
Lípidos (g)	14
AG saturados	0,739
AG monoinsaturados	5,62
AG poliinsaturados	2,45
Agua (g)	68,1
Fibras (g)	< 1
Colesterol (mg)	0,35
VITAMINAS (mg)	
Vit. C	38,2
Vit. E	1,05
Vit. B_1	0,165
Vit. B_2	0,085
Vit. B_3	0,0661
Vit. B_5	0,185
Vit. B_6	0,067
(µg)	
Vit. A retinol/betacaroteno	0/29
Vit. D	0
Vit. B_9	18
Vit. B_{12}	0
ELEMENTOS MINERALES (mg)	
Calcio	91,2
Cobre	0,17
Fósforo	196
Hierro	3,83
Magnesio	77,9
Manganeso	0,67
Potasio	216
Sodio	2360
Zinc	3,64
(µg)	
Yodo	22,1
Selenio	16

NUEZ MOSCADA

La nuez moscada es la semilla que proviene de la fruta de la mirística, árbol de 10 metros de altura, de grandes hojas verde oscuro y flores blancas-amarillentas bastante perfumadas. Su sabor, muy aromático, es ligeramente dulce.

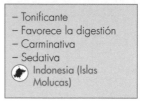

– Tonificante
– Favorece la digestión
– Carminativa
– Sedativa
Indonesia (Islas Molucas)

Utilizar en pequeñas cantidades por la potencia de su aroma. Cuidado: puede ser tóxica en dosis altas.

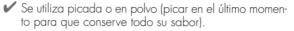

✔ Se utiliza picada o en polvo (picar en el último momento para que conserve todo su sabor).

✔ Un poco de nuez moscada en un ragú, pasta, puré de patatas, un suflé, en una sopa de calabaza, una bechamel o una salsa blanca…

✔ En repostería: en las crepes, tartas, púdines.

✔ Perfuma de forma agreable el vino.

VALORES CALÓRICOS por 100 g de muez moscada	
Calorías kcal	0
Proteínas (g)	–
Glúcidos	–
Lípidos	–

OLIVA*

- Laxante
- Diurético
- Fuente de antioxidantes
- Asia

La oliva o aceituna es el fruto del olivo de pequeñas flores blancas y de frutos ovoides.

La oliva o aceituna verde se recoge antes de que esté madura y después se conserva en sal.

La oliva o aceituna negra está madura, empapada en sal y conservada en aceite. Ambas sufren numerosos lavados que hacen desaparecer el amargor de la pulpa.

✔ Se sirven como aperitivo.

✔ Alegran todo tipo de platos (pastas, pizzas, ensaladas, carnes...).

✔ Con ellas se fabrica el famoso aceite de oliva.

✔ Se puede encontrar pan de olivas con aceitunas.

CONEJO A LA PROVENZAL

Rehogar los pedazos de conejo con aceite de oliva. Cuando esté dorado, espolvorearlo con harina y echarle un vaso de vino blanco seco y un poco de agua. Añadir 4 tomates machacados, 2 dientes de ajo, aceitunas negras y perejil. Condimentar y dejar cocer a fuego lento.

---

* Generalmente conocida como aceituna, pero lo consideramos en esta ocasión como fruto del olivo.

VALORES NUTRICIONALES por 100 g de aceitunas negras en salmuera (contenido medio)	
Calorías kcal	**162**
Kilojulios kJ (unidad internacional)	663
Proteínas (g)	0,92
Glúcidos (g)	1,71
Lípidos (g)	14
AG saturados	1,42
AC monoinsaturados	8,14
AG poliinsaturados	1,62
Agua (g)	68,5
Fibras (g)	12,5
Colesterol (mg)	< 0,1
VITAMINAS (mg)	
Vit. C	0,9
Vit. E	2
Vit. B_1	0,003
Vit. B_2	0
Vit. B_3	0,037
Vit. B_5	0,15
Vit. B_6	0,009
(µg)	
Vit. A retinol/betacaroteno	0/237
Vit. D	0
Vit. B_9	0
Vit. B_{12}	0
ELEMENTOS MINERALES (mg)	
Calcio	58,4
Cobre	0,154
Fósforo	10,2
Hierro	3,3
Magnesio	70,4
Manganeso	0,0526
Potasio	8
Sodio	< 886
Zinc	0,13
(µg)	
Yodo	4,5
Selenio	< 5,4

VALORES NUTRICIONALES	
por 100 g de aceitunas verdes en salmuera (contenido medio)	
Calorías kcal	**145**
Kilojulios kJ (unidad internacional)	595
Proteínas (g)	1,02
Glúcidos (g)	1,32
Lípidos (g)	13,9
AG saturados	1,99
AG monoinsaturados	9,74
AG poliinsaturados	1,31
Agua (g)	75,2
Fibras (g)	5,1
Colesterol (mg)	0
VITAMINAS (mg)	
Vit. C	0
Vit. E	1,99
Vit. B_1	trazas
Vit. B_2	trazas
Vit. B_3	trazas
Vit. B_5	0,02
Vit. B_6	0,02
(µg)	
Vit. A retinol/betacaroteno	0/231
Vit. D	0
Vit. B_9	6,4
Vit. B_{12}	0
ELEMENTOS MINERALES (mg)	
Calcio	36
Cobre	0,21
Fósforo	13,9
Hierro	0,665
Magnesio	24,5
Manganeso	0,055
Potasio	39,3
Sodio	1680
Zinc	0,42
(µg)	
Yodo	4,5
Selenio	0,9

ORÉGANO

El orégano es un subarbusto de minúsculas flores rosas o blancas en forma de cáliz. Se utilizan sus hojas frescas o secas de sabor fuerte y especiado.

Es una especie similar a la mejorana la cual se diferencia por sus flores más oscuras y púrpuras. Sin embargo, se utilizan de la misma manera.

– Tonificante
– Digestivo
– Antiséptico
– Antiespasmódico
– Antioxidante
⊛ Turquía

El orégano se recolecta durante la víspera de San Juan... cuando las flores estén blancas (si están verdes, no será perfumado).

✔ Espolvorear las hojas sobre pasta, una ensalada de tomates o salsas.

✔ El orégano es uno de los ingredientes de la «pizza napolitana». Se emplea mucho en la cocina italiana.

✔ Incorporarlo en un ragú o un civet.

✔ Añadir unas hojas picadas en una ensalada.

✔ En infusión, las hojas tienen un efecto calmante; dos o tres hojas por taza.

✔ Se emplea en pequeñas cantidades.

VALORES CALÓRICOS por 100 g de orégano	
Calorías kcal	**394,3**
Proteínas (g)	11
Glúcidos	64,4
Lípidos	10,3

- Favorece la digestión
- Expectorante
- Fuente de antioxidantes
- 🌶 Hungría

La páprika es un polvo rojo anaranjado de sabor ligeramente picante, que generalmente se obtiene a partir de la pulpa seca y molida de un pimiento o pimentón. La calidad es diferente según qué parte de la planta se utilice, siendo las mejores la «páprika de Hungría» únicamente elaborada a partir de los frutos y la «páprika real» hecha a partir de los tallos, semillas y frutos.

👎 Desaconsejado para los estómagos sensibles, ya que la capsaicina (principio activo) irrita las mucosas.

✔ En las salsas, carnes, verduras, estofados, platos especiados…

✔ Muy empleada en las especialidades húngaras o recetas de origen húngaro.

61

👨‍🍳 ZANAHORIAS CON PÁPRIKA

Cortar 8 zanahorias en tiritas. Dorar una cebolla que esté cortada en láminas en aceite y mantequilla. Añadir las zanahorias y dorarlas durante 5 min. Espolvorearlo con paprika, con nuez moscada en polvo y de curry. Añadir un puñado de pasas secas, las cuales se empaparon previamente en agua y 20 cl de caldo. Mezclar bien, volver a echar paprika y cocinar a fuego lento.

VALORES NUTRICIONALES por 100 g de paprika (contenido medio)	
Calorías kcal	**19**
Kilojulios kJ (unidad internacional)	81
Proteínas (g)	1,08
Glúcidos (g)	2,91
Lípidos (g)	0,24
Agua (g)	94,1
Fibras (g)	3,59
VITAMINAS (mg)	
Vit. C	117
Vit. E	2,5
(µg)	
Vit. A retinol/betacaroteno	179/528
Vit. B_1	49
Vit. B_2	43
Vit. B_3	330
Vit. B_5	230
Vit. B_6	239
Vit. B_9	57
ELEMENTOS MINERALES (mg)	
Calcio	10
Fósforo	21
Magnesio	11
Potasio	174
Sodio	1,5
(µg)	
Cobre	73
Hierro	402
Manganeso	126
Zinc	145

PEPINILLO

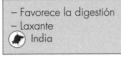

– Favorece la digestión
– Laxante
India

El pepinillo es, en origen, un pepino que se ha recogido antes de que esté plenamente maduro de piel rugosa y de sabor picante, y se conserva en vinagre aromatizado.

Se considera *condimento* cuando es joven y *verdura* cuando es más maduro. Su sabor es ligeramente picante, ácido y muy aromático. Asimismo, su acidez estimula las secreciones digestivas y abre el apetito. Debido a su contenido en sodio, hay que evitarlo en los regímenes bajos en sal.

Elegirlos firmes, crujientes, pero tiernos.
Evitar cocinarlos, ya que dejan de ser crujientes.

✔ Como acompañamiento de embutidos, carnes frías, patés, pero también de todo tipo de platos calientes, chucrut, cocido…

✔ Unas rodajas de pepinillo en una ensalada mixta (pollo frío, maíz, endivias, zanahorias…).

✔ Costillas de cerdo a la parrilla, un zumo desglasado con crema fresca líquida, todo ello servido con rodajitas de pepinillos esparcidos.

CONSERVAS DE PEPINILLOS

Lavar bien los pepinillos y dejarlos escurrir en sal gorda. Poner un máximo de especias y aromatizantes (eneldo, estragón, cebolletas, pimienta, pimiento, cilantro y clavo). Añadir vinagre de alcohol y vino blanco. Esperar al menos dos meses antes de probarlos.

VALORES NUTRICIONALES por 100 g de pepinillos en vinagre (contenido medio)	
Calorías kcal	**27,5**
Kilojulios kJ (unidad internacional)	116
Proteínas (g)	1,2
Glúcidos (g)	3
Lípidos (g)	0,345
AG saturados	0
AG monoinsaturados	0,002
AG poliinsaturados	0,073
Agua (g)	94,9
Fibras (g)	1,9
Colesterol (mg)	0
VITAMINAS (mg)	
Vit. C	0,222
Vit. E	0,65
Vit. B_1	< 0,04
Vit. B_2	< 0,04
Vit. B_3	0,145
Vit. B_5	0,17
Vit. B_6	0,038
(µg)	
Vit. A retinol/betacaroteno	0/164
Vit. D	0
Vit. B_9	16,3
Vit. B_{12}	0
ELEMENTOS MINERALES (mg)	
Calcio	32,3
Cobre	< 0,15
Fósforo	19,3
Hierro	0,657
Magnesio	9,78
Manganeso	0,0933
Potasio	108
Sodio	551
Zinc	0,277
(µg)	
Yodo	0,4
Selenio	2,06

- Tonificante
- Depurativo
- Diurético
- Digestivo
- Fuente de antioxidantes
- Grecia

El perejil es una planta herbácea de pequeñas flores verde amarillentas. Se utilizan sus hojas por su particular aroma.

Existen dos variedades principales: el perejil de hojas planas (el más aromático y utilizado) y el perejil de hojas rizadas (útil para la decoración de platos).

Mascar perejil para refrescar el aliento y activar la digestión. Y para apaciguar el dolor, frotar unas cuantas hojas frescas sobre un moratón o picadura de insectos.

El perejil se marchita rápidamente a temperatura ambiente; conservarlo en la nevera o poner un ramillete de perejil (tallos) en un vaso de agua tapando las hojas con un papel húmedo.

65

✔ Generalmente fresco, picado o cincelado, se puede incorporar a una salsa, una tortilla, verduras, un potaje…

✔ Como persillade (ajo y perejil), acompaña patatas salteadas, tomates a la sartén, relleno para los caracoles.

✔ Para acompañar un eperlano frito o pescado a la parrilla, freír ramilletes de perejil en aceite de oliva.

✔ En tisana (diurético): unos cuantos tallos de perejil por taza.

VALORES NUTRICIONALES por 100 g de perejil fresco (contenido medio)	
Calorías kcal	**46,5**
Kilojulios kJ (unidad internacional)	194
Proteínas (g)	3
Glúcidos (g)	4,57
Lípidos (g)	0,843
AG saturados	0,132
AG monoinsaturados	0,181
AG poliinsaturados	0,318
Agua (g)	84,9
Fibras (g)	4,3
Colesterol (mg)	0
VITAMINAS (mg)	
Vit. C	190
Vit. E	1,7
Vit. B_1	0,23
Vit. B_2	0,06
Vit. B_3	1
Vit. B_5	0,3
Vit. B_6	0,09
(µg)	
Vit. A retinol/betacaroteno	< 2/5360
Vit. D	0
Vit. B_9	197
Vit. B_{12}	0
ELEMENTOS MINERALES (mg)	
Calcio	190
Cobre	0,113
Fósforo	51,8
Hierro	4,32
Magnesio	32,1
Manganeso	0,948
Potasio	795
Sodio	90,7
Zinc	0,93
(µg)	
Yodo	3,69
Selenio	0,423

CREMA O VELOUTÉ CON PEREJIL

Rehogar un poco de cebolla en un poco de aceite de oliva, una puntita de ajo, mojar con caldo. Añadir dos manojos de perejil cortado, 1 calabacín en trocitos, un jugo y cáscara de limón, cilantro, sal y pimienta. Cocinar durante 10 minutos y después mezclar. Añadir dos yogures, un poco de nata y mezclar de nuevo. Servir caliente o helada.

SALSA VERDE

Aceite de oliva, vinagre balsámico y perejil para acompañar el pescado… ¡una delicia!

ESPÁRRAGOS BLANCOS A LA FLAMENCA

Pelar y enjuagar un kilo de espárragos. Juntarlos en 4 manojos con hilo de cocina. Llevarlos a ebullición y cocinarlos durante aproximadamente 15 minutos. En una cacerola pequeña, fundir mantequilla. Añadir el zumo de un limón, ½ manojo de perejil picado y 4 huevos duros picados. Mezclar y servir los espárragos recubiertos de esta salsa flamenca.

PERIFOLLO

El perifollo cultivado es una planta de pequeñas hojas blancas agrupadas en umbela. Se utilizan la hojas de sabor suave ligeramente acre, anisado y aromático.

- Favorece la digestión
- Diurético
- Estimulante hepático
- Asia

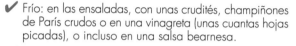

✔ Frío: en las ensaladas, con unas crudités, champiñones de París crudos o en una vinagreta (unas cuantas hojas picadas), o incluso en una salsa bearnesa.

✔ Caliente (añadir al final de la cocción): en una sopa, en una tortilla, en verduras. Va muy bien con pescado, marisco y carnes blancas.

✔ Una crepe rellena de perifollo recién picado… ¡un verdadero deleite!

👨‍🍳 SALSA «VERDE»

Mucho perifollo mezclado con otras hierbas –cebollino, perejil, estragón, etc.– para acompañar al pescado.

👨‍🍳 SALMÓN MARINADO

Hacer una marinada con perifollo fresco, aceite de oliva, 2 limones verdes, semillas de cilantro y pimienta. Añadir las lonchas de salmón y dejarlo marinando 20 min. Servir bien fresco.

VALORES NUTRICIONALES por 100 g perifollo fresco (contenido medio)	
Calorías kcal	**48,2**
Kilojulios kJ (unidad internacional)	203
Proteínas (g)	3,3
Glúcidos (g)	6,47
Lípidos (g)	0,567
AG saturados	0,078
AG monoinsaturados	0,015
AG poliinsaturados	0,387
Agua (g)	85,6
Fibras (g)	2
Colesterol (mg)	0
VITAMINAS (mg)	
Vit. C	44,7
Vit. E	2,9
Vit. B_1	0,125
Vit. B_2	0,34
Vit. B_3	1,5
Vit. B_5	0,3
Vit. B_6	0,026
(µg)	
Vit. A retinol/betacaroteno	0/trazas
Vit. D	trazas
Vit. B_9	220
Vit. B_{12}	0
ELEMENTOS MINERALES (mg)	
Calcio	272
Cobre	0,073
Fósforo	40,6
Hierro	1,6
Magnesio	34
Manganeso	1,7
Potasio	597
Sodio	10
Zinc	1,1
(µg)	
Yodo	2,8
Selenio	0,1

PIMIENTA

La pimienta es el fruto de una liana bastante espesa, el pimentero, de pequeñas flores blancas. Los frutos (de veinte a cincuenta) están agrupados en espiga y poseen un sabor acre, ardiente y picante.

– Tonificante
– Favorece la digestión
– Diurético
– Fuente de antioxidantes
India

La pimienta verde: los frutos se recogen antes de que estén maduros y se conservan en vinagre o en sal (en salmuera). Es bastante suave y ligeramente afrutado.

La pimienta negra: los frutos rojos enteros se recogen cuando están maduros. Cuando se secan al sol, se ponen negros. Es la más fuerte y la más picante.

La pimienta blanca: se recogen los frutos cuando están maduros, a los que se les ha quitado la cáscara remojándolos en agua, y que se han secado después. Es la menos fuerte, pero la más perfumada (la mejor para las salsas).

La pimienta gris: mezcla de pimienta negra y blanca. Su sabor es suave.

La pimienta larga: es la más rara, la más dura, y hay que rallarla como la nuez moscada. De sabor caliente, es bastante picante, muy buena para las salsas.

La pimienta rosa: sus bayas rosas provienen de una especie diferente, «el falso pimentero», de sabor dulce pero no ardiente como la pimienta.

Evitar si se tiene el estómago sensible.

✔ Se emplea a menudo con la sal en todo tipo de platos salados: carnes, pescados, verduras, salsas,embutidos, potajes…

✔ Añadir la pimienta molida al final de la cocción. Si se cocina más de dos horas, pierde su aroma.

✔ La pimienta en grano tiene más aroma, basta con molerlo.

✔ Para probar: fresas con pimienta negra…

VALORES NUTRICIONALES por 100 g de pimienta negra molida (contenido medio)	
Calorías kcal	**304**
Kilojulios kJ (unidad internacional)	1280
Proteínas (g)	10,9
Glúcidos (g)	44,5
Lípidos (g)	3,3
AG saturados	0,99
AG monoinsaturados	1,01
AG poliinsaturados	1,13
Agua (g)	10,5
Fibras (g)	26,5
Colesterol (mg)	0
VITAMINAS (mg)	
Vit. C	0
Vit. E	0,875
Vit. B_1	0,11
Vit. B_2	0,24
Vit. B_3	1,1
Vit. B_5	trazas
Vit. B_6	0,227
(µg)	
Vit. A retinol/betacaroteno	0/114
Vit. D	0
Vit. B_9	3
Vit. B_{12}	0
ELEMENTOS MINERALES (mg)	
Calcio	430
Cobre	1,13
Fósforo	170
Hierro	11,2
Magnesio	190
Manganeso	6,5
Potasio	1260
Sodio	44
Zinc	1,4
(µg)	
Yodo	1
Selenio	3

REGALIZ

El regaliz es una planta herbácea de floras azul violáceas de la cual consumimos la raíz marrón, seca en forma de palitos, el «palo de regaliz». Su sabor es aromático, dulce y ligeramente amargo.

– Refrescante
– Favorece la digestión
– Expectorante
– Diurético
– Antiespasmódico
– Asia

Es una buena distracción para las personas que desean dejar de fumar.

Consumir en cantidades razonables. Si se toma en exceso, el regaliz puede provocar hipertensión arterial.

✔ Es frecuente masticarla tal cual.

✔ Se puede encontrar en repostería, confitería.

✔ Una bebida de regaliz es muy refrescante.

✔ En decocción: 1 cuchara sopera por litro. Quitar la corteza y picar finamente. Las hojas pueden hacer un buen té.

VALORES CALÓRICOS por 100 g de regaliz (confitería)	
Calorías kcal	**380**
Proteínas (g)	1
Glúcidos	94
Lípidos	–

ROMERO

- Tonificante
- Diurético
- Antiespasmódico
- Antiséptico de las vías respiratorias
- Favorece la digestión
- Estimulante hepático
- Fuente de antioxidantes
- Cuenca mediterránea

El romero es un subarbusto aromático de flores azul lila, organizadas en racimos. Se utilizan sus pequeñas hojas lineales de sabor amargo y olor alcanforado, frescas o secas.

En los armarios es un excelente matapolillas.

✔ Cortar con las tijeras o picar en la batidora.

✔ Se suele mezclar con tomillo, salvia u orégano en una salsa de tomate o salsa de vino rojo.

✔ Añadir el romero al inicio de la cocción con el fin de que libere todo su aroma.

✔ Las flores pueden incorporarse en ensaladas de frutas o cristalizarse (empaparlas en clara de huevo y azúcar y después dejar que se seque en el horno).

✔ En infusión: unas cuantas hojas por taza de agua hirviendo. No beber tisanas de romero diariamente, su aceite esencial puede provocar trastornos nerviosos.

✔ Gracias a sus virtudes tonificantes, puede reemplazar a veces al café por las mañanas. Evitar por la noche, puede impedir conciliar el sueño.

VALORES CALÓRICOS por 100 g de romero	
Calorías kcal	**131**
Proteínas (g)	3,3
Glúcidos	20,7
Lípidos	5,8

🍳 PESCADO O CARNE EN PAPILLOTE

Rehogar unas patatas, tocino y escalopes de pollo cortados en trozos en aceite de oliva. Espolvorear con romero, sal y pimienta. Servir caliente.

Cocinar un pescado en papillote con romero, un poco de ajo, algunos tomates y zumo de limón.

Para una buena parrillada, embadurnar la carne con mostaza y espolvorear romero.

🍳 CARPACCIO DE ALBARICOQUES CON ACEITE DE OLIVA Y ROMERO

Cortar 12 albaricoques en rodajas. Repartirlas sobre una fuente y echarle zumo de limón por encima. En un bol pequeño, echar una cucharadita de vinagre balsámico y añadir una pizca de sal, pimienta y después dos cucharadas soperas de aceite. Condimentar los albaricoques y perfumarlos con briznas de romero. Servir fresco.

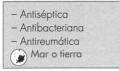

- Antiséptica
- Antibacteriana
- Antireumática
- Mar o tierra

La sal es una sustancia cristalizada soluble en agua, blanca o gris, extraída de las marismas saladas tras la evaporación del agua de mar.

Existen numerosos métodos de recolectar la sal de mar:

✔ El método «industrial», que da una sal blanca de mesa refinada (a la que se le ha quitado una parte de sus cualidades nutritivas).

✔ El método «artesanal», que da una sal gris de mesa. Sin haber sufrido ningún procesamiento, esta conserva todas sus cualidades nutritivas. Se pone ligeramente gris a lo largo de la cristalización, donde toma el color de la arcilla del fondo.

Existen tres tipos de sal:
- la *sal gruesa,* compuesta por cristales grandes,
- la *sal fina,* que es sal gruesa molida,
- la *flor de sal,* que se recolecta en la superficie de las marismas. Está constituida por cristales finos y se pone blanca al secarse. Su sabor y su perfume potencian el sabor de los alimentos. Es muy apreciada por los grandes chefs. Solo utilizarse en frío, espolvoreando los platos en el momento en el que se van a servir con el fin de conservar todo el crocante de la flor de sal.

El consumo de sal es con frecuencia excesiva, puesto que ya se encuentra en numerosas preparaciones alimentarias donde esta se utiliza como conservante y estabilizador del color.

Asimismo, encontramos la «sal gema», que se extrae de las minas o de las canteras que provienen del desecamiento de los mares hace millones de años. Es muy rica en minerales pero poco común. Se utiliza para hacer las famosas «lámparas de sal» ionizadoras de aire.

👌 Añadir unos cuantos granos de arroz en el salero para evitar la humedad.

Es un excelente remineralizante: un puñado de sal gruesa gris en la bañera proporciona los beneficios de un baño de mar, devolviéndole esta al agua los elementos presentes en el entorno marino.

VALORES NUTRICIONALES
por 100 g de sal blanca alimentaria, yodada, no fluorada (contenido medio)

Calorías kcal	**0**
Kilojulios kJ (unidad internacional)	0
Proteínas (g)	0
Glúcidos (g)	0
Lípidos (g)	0
AG saturados	0
AG monoinsaturados	0
AG poliinsaturados	0
Agua (g)	0,027
Fibras (g)	0
Colesterol (mg)	0
VITAMINAS (mg)	
Vit. C	0
Vit. E	0
Vit. B_1	0
Vit. B_2	0
Vit. B_3	0
Vit. B_5	0
Vit. B_6	0
(µg)	
Vit. A retinol/betacaroteno	0/0
Vit. D	0
Vit. B_9	0
Vit. B_{12}	0
ELEMENTOS MINERALES (mg)	
Calcio	13,3
Cobre	0,193
Fósforo	2,67
Hierro	0,21
Magnesio	3,15
Manganeso	0,12
Potasio	16,8
Sodio	39000
Zinc	0,084
(µg)	
Yodo	1860
Selenio	1,7

VALORES NUTRICIONALES por 100 g de sal marina gris, no yodada, no fluorada (contenido medio)	
Calorías kcal	**0**
Kilojulios kJ (unidad internacional)	0
Proteínas (g)	0
Glúcidos (g)	0
Lípidos (g)	0
AG saturados	0
AG monoinsaturados	0
AG poliinsaturados	0
Agua (g)	5,09
Fibras (g)	0
Colesterol (mg)	0
VITAMINAS (mg)	
Vit. C	0
Vit. E	0
Vit. B_1	0
Vit. B_2	0
Vit. B_3	0
Vit. B_5	0
Vit. B_6	0
(µg)	
Vit. A retinol/betacaroteno	0/0
Vit. D	0
Vit. B_9	0
Vit. B_{12}	0
ELEMENTOS MINERALES (mg)	
Calcio	181
Cobre	–
Fósforo	trazas
Hierro	–
Magnesio	503
Manganeso	–
Potasio	99,3
Sodio	322000
Zinc	–
(µg)	
Yodo	<200
Selenio	–

✔ Se utiliza para realzar el gusto de los alimentos, condimentando todo tipo de platos…

✔ Esencial en la conservación de los alimentos.

✔ Una pizca de sal en agua de cocción (pasta, verduras, carnes…) permite que esta hierva a una temperatura superior (y no a hervir con mayor rapidez, como se suele cree).

✔ En un plato demasiado salado, añadir unas rodajas de patatas crudas (peladas) y recubrir el plato. Esperar unos cuantos minutos antes de retirarlas, estas habrán absorbido el exceso de sal.

👨‍🍳 COCCIÓN EN CORTEZA DE SAL

Cubrir una cacerola con sal gruesa (sin materias grasas añadidas) y depositar la carne o pescado con los aromatizantes. Recubrir todo con sal gruesa. Meter en el horno durante 30 minutos. Romper la corteza y degustar.

- Tonificante
- Favorece la digestión
- Antiespasmódica
- Antiséptica
- Diurética
- (✺) Europa

La salvia es un subarbusto aromático de flores azul violáceas. Se utilizan sus hojas secas de sabor amargo, especiado, picante, y de olor alcanforado. Existen numerosas variedades…

Frotar hojas de salvia sobre eccemas alivian los pruritos.

✔ En ragús, carnes blancas, pescados… Siendo su aroma tan fuerte, se emplea en pequeñas cantidades al final de la cocción.

✔ En infusión: en gargarismos contra los dolores de garganta e irritaciones de las cuerdas vocales.

✔ Una leche salvia-miel: unas cuantas hojas por taza de leche hirviendo, dejar infusionando durante 5 minutos y añadir 1 grande cuchara de miel.

✔ Uno puede tomarse como medida preventiva una tisana de salvia antes de una «comida grande» (dos a tres hojas por taza, infusionar 5 minutos).

✔ Como el romero, no beber diariamente, su riqueza en aceite esencial puede provocar trastornos nerviosos.

VALORES CALÓRICOS por 100 g de salvia	
Calorías kcal	**399,5**
Proteínas (g)	10,6
Glúcidos	60,7
Lípidos	12,7

TAMARINDO

El tamarindo es un árbol de flores amarillas-rojas y de frutos en forma de grandes dientes de color marrón claro. Se utilizan los frutos de los cuales se extrae una pulpa rojiza de sabor amargo, dulce y refrescante que recuerda al sabor del limón.

- Refrescante
- Laxante
- Antiséptico
- Favorece la digestión
- Fuente de antioxidantes
- África

Se encuentra en forma de dientes, pasta dura o en polvo.

Empapar los dientes en agua caliente para extraer la pulpa.

✔ Se emplea como el limón.
✔ Con carne blanca, carne de ave, en un ragú, una marinada, una sopa, con arroz, berenjenas.
✔ Entra en la preparación de las confituras.

VALORES NUTRICIONALES por 100 g de tamarindo (contenido medio)	
Calorías kcal	**238**
Kilojulios kJ (unidad internacional)	1010
Proteínas (g)	2,30
Glúcidos (g)	56,7
Lípidos (g)	0,20
Agua (g)	38,7
VITAMINAS (mg)	
Vit. B_3	1,1
Vit. C	3,0
(µg)	
Vit. A retinol/betacaroteno	1,7/10
Vit. B_1	300
Vit. B_2	80
ELEMENTOS MINERALES	
Calcio	81
Fósforo	86
Hierro	1,3
Potasio	570
Sodio	3,0

TOMILLO COMÚN

- Tonificante (estados gripales)
- Favorece la digestión
- Antiséptico
- Antirreumático
- Expectorante
- Antiespasmódico
- Diurético
- 🌍 Europa

El tomillo común es una planta aromática de flores malvas agrupadas en espiga, de sabor aromático, herbáceo y amargo. Se utilizan las ramas «hojas».

Existen varias especies o subespecies de las cuales las más comunes son el serpol, el tomillo limonero que es frecuentemente una variedad del serpol... Todos se utilizan de la misma forma.

👍 Para preservar su aroma, poner el tomillo en una caja de metal.

81

✔ Añadir a los pescados, parrillas, tortillas, sopas, salsas de tomate...

✔ Hacer un racimo que tenga tomillo, laurel, salvia o romera para aromatizar un ragú, un cocido o un caldo de pescado.

✔ Hacer una gelatina de tomillo para untar sobre unos canapés de queso de cabra... ¡un deleite!

✔ En inhalación o en infusión (reuma), una rama o dos en agua hirviendo.

✔ Dejar macerar un tallo de tomillo en aceite de oliva para perfumarlo.

👨‍🍳 SALSA DE TOMILLO

Macerar unos cuantos días algo de tomillo y ajo en un poco de aceite de oliva.

VALORES NUTRICIONALES por 100 g de tomillo seco (contenido medio)	
Calorías kcal	**291**
Kilojulios kJ (unidad internacional)	1220
Proteínas (g)	6,07
Glúcidos (g)	41,7
Lípidos (g)	4,94
AG saturados	2,73
AG monoinsaturados	0,47
AG poliinsaturados	1,33
Agua (g)	7,8
Fibras (g)	27,8
Colesterol (mg)	0
VITAMINAS (mg)	
Vit. C	16,7
Vit. E	9,15
Vit. B_1	0,341
Vit. B_2	0,266
Vit. B_3	3,28
Vit. B_5	trazas
Vit. B_6	0,31
(µg)	
Vit. A retinol/betacaroteno	0/2270
Vit. D	0
Vit. B_9	91,3
Vit. B_{12}	0
ELEMENTOS MINERALES (mg)	
Calcio	1260
Cobre	0,86
Fósforo	134
Hierro	82,4
Magnesio	110
Manganeso	7,87
Potasio	541
Sodio	36,7
Zinc	6,19
(µg)	
Yodo	–
Selenio	–

- Tonificante
- Digestivo
- Afrodisíaco
- 🐦 México

La vainilla es una liana perenne, la liana de la vainilla, de la familia de las orquídeas, de la cual se consume el fruto, una vaina aromática de sabor suave, agradable y dulce.

En el momento de la cosecha, la vaina de vainilla es amarga e inodora. Tras una preparación (escaldado, estofado, afinado…), se convierte en el «palo negro» de olor característico que conocemos.

Existen diferentes variedades de vainilla que provienen de diversos países y que son todas deliciosamente perfumadas. Se venden en vainas secas, en polvo, en extracto alcohólico o azúcar de vainilla.

👍 Las vainas de vainilla se conservan muy bien en un frasco de metal.

83

- ✔ Hervir las vainas en agua o leche. Se pueden utilizar varias veces, basta con enjuagarlas y secarlas tras cada ebullición.

- ✔ En repostería se utiliza para aromatizar las cremas, flanes o tartas.

- ✔ Y por qué no una salsa perfumada de vainilla para acompañar un pescado, una carne de ave, unos mariscos e incluso un puré de patatas…

- ✔ Poner una vaina de vainilla en un tarro de azúcar para perfumarlo.

VALORES CALÓRICOS por 100 g de vainilla	
Calorías kcal	**288**
Proteínas (g)	0
Glúcidos	13
Lípidos	0

GLOSARIO DE PROPIEDADES

- Afrodisíaco: aumenta el deseo sexual.
- Antianémico: combate la anemia (fatiga, tasa débil de los glóbulos rojos).
- Antibacteriano: permite luchar contra las bacterias.
- Antidiarreico: combate la diarrea.
- Antiespasmódico: cala los espasmos, los calambres, las convulsiones de los órganos, las gastritis nerviosas.
- Antiinfeccioso: contra las infecciones.
- Antiinflamatorio: calma, combate las inflamaciones.
- Antinauseabundo: contra las náuseas.
- Antirreumático: calma el dolor del reuma.
- Antiséptico: destruye los microbios e impide su desarrollo.
- Antiséptico de las vías respiratorias: combate la infección de las vías respiratorias.
- Astringente: refuerza los tejidos y las mucosas, cicatriza las heridas.
- Ayuda a remineralizar el organismo: fortalece, consolida, los huesos, las uñas y el pelo.
- Carminativo: favorece la expulsión del gas intestinal y calma los dolores de estómago.
- Cicatrizante: ayuda a sanar las heridas.
- Depurativo: purifica el organismo eliminando las toxinas.
- Digestivo: fácil de digerir.
- Diurético: favorece el aumento de la secreción urinaria.
- Emenagogo: provoca o regulariza las reglas.
- Energético: le da al organismo energía.
- Estimula el tránsito intestinal: favorece el tránsito intestinal.
- Estimulante hepático: regulador de las funciones hepáticas, estimula la vesícula biliar.
- Expectorante: favorece la eliminación de las secreciones bronquiales por la tos.

- Favorece el desarrollo: ayuda al niño a crecer, a desarrollarse progresivamente.
- Favorece la digestión: ayuda a digerir mejor.
- Fuente de antioxidantes: contra el envejecimiento celular, elasticidad de la piel, protección contra las agresiones exteriores.
- Galactogogo: favorece la subida de la leche en el caso de embarazo.
- Hidratante: produce una hidratación (proporciona agua).
- Laxante: combate el estreñimiento, acelera el tránsito intestinal.
- Moderador del apetito: inhibe o corta el hambre.
- Nutritivo: que nutre mucho, aporta saciedad.
- Purgativo: limpia el intestino (acción laxante poderosa y rápida).
- Refrescante: calma la sed.
- Sedativo: acción calmante sobre el sistema nervioso, contra los insomnios y la ansiedad.
- Tónico venoso: bueno para la circulación sanguínea.
- Tonificante: fortalece, revitaliza, da vitalidad.
- Vermífugo: evacua los gusanos intestinales.

ÍNDICE TEMÁTICO

FUENTE DE LAS TABLAS DE COMPOSICIÓN NUTRICIONAL DE LOS ALIMENTOS

Las tablas de composición nutricional de los alimentos son originarias de las siguientes fuentes:

- **ANSES/CIQUAL 2013**
  Centro de información sobre la calidad de los alimentos
  27-31, avenu de Général-Leclerc
  94701 MAISONS-ALFORT CEDEX

- **SOUCI/FACHMANN/KRAUT**
  Souci, Fachmann, Kraut, *La Composition des Aliments*,
  7° edición, Ediciones Taylor et Francis, 2008

Las pequeñas tablas de los valores calóricos son originarias de las fuentes siguientes:
www.i-dietetique.com
www.los-calories.com
www.philcard.com

BIBLIOGRAFÍA

- AFSSA (Agence Française de Sécurité Sanitaire des Aliments), *Apports nutritionnels conseillés pour la population française*, Éditions Tec et Doc, 10e tirage, 2014

- Bargis, Patricia, y Lévy-Dutel, Laurence, *Le grand livre des aliments santé*, Éditions Eyrolles, París, 2012

- Cohen, Jean-Michel, *Savoir manger: la vérité sur nos aliments*, Éditions Flammarion, París, 2011

- Giraud, Nathalie, *Épices et Santé*, Éditions Guy Tredaniel, 2009

- Lecanu, Florence, *L'exiguide des épices et des aromates*, Éditions Elcy, 2007

- Roellinger, Olivier; Lejale, Vincent, y Lejale, Christian, *Épices et Roellinger*, Éditions Imagine & Co, 2012

- Serres, Alain, y Hie, Vanessa, *La fabuleuse cuisine de la route des épices*, Éditions Rue du Monde, 2009

AGRADECIMIENTOS

Gracias a Cwenaëlle Painvin, Sandrine Navarro y Hung Ho Thanh por sus sabios consejos.

UNIVERSIDAD FRANÇOIS-RABELAIS TOURS
Marie-Pierre Arvy (botánista, doctora de ciencias)
3, rue des Tanneurs BP 4103-37041 TOURS CEDEX 01
Tlfn. 02 47 36 66 00
www.univ-tours.fr

HERBATICA
Sra. Delacour (doctora en farmacia)
18, avenue de la Muette 60300 SENLIS
Tlfn. 08 70 42 12 70
www.herbatica.fr

AROMES, ÉPICES ET CONDIMENTS DU MONDE ENTIER
Philippe Latour
Moulin de la Serre 46340 DEGAGNAC
www.aromatiques.com
Guy Lalière (botanista, naturópata)
www.guylaliere.com

LES FRUITS ET LÉGUMES FRAIS
www.lesfruitsetlegumesfrais.com